Inhalt

Das frühjahrsmüde Spuck-Gespenst

Mitternacht auf Burg Löwenfels. Groß und gespenstisch steht der Frühlingsmond am Himmel. Eine unsichtbare Hand dreht das Fernrohr oben auf dem hohen Turm.

„He, ihr Geister und Gespenster! Zeit zum Aufstehen! Geisterstunde!", ruft eine helle Stimme. Gleich darauf wird die ulkige Ulrike sichtbar. Sie ist ein Kellergeist und wird von allen Burggespenstern als Erste wach. Sie sieht aus wie ein putziger Igel – überall Stacheln. Zum Schlafen schlüpft sie immer in ein Einmachglas und macht es sich dort mit Stroh und Dörrpflaumen gemütlich.

Ulrike nimmt einen Gong in die Hand. Zwölf kräftige Schläge! Davon müssen doch alle Gespenster wach werden!

Aber wo bleiben sie nur, die Löwenfels-Gespenster?

Ulrike schwebt die Wendeltreppe nach unten und gelangt in den Rittersaal. Dort klopft sie an eine alte Rüstung.

„Hallo, Otto, du Schlafmütze! Aufwachen!"

Quietschend bewegt sich die Rüstung. Das Visier klappt auf und gähnt. Das ist der ordentliche Otto, der Ritter ohne Innenleben.

„Pfui, Ulrike, du stinkst wieder nach Pflaumen", beschwert sich Otto.

„Ich stinke nicht!", ruft Ulrike.

Jetzt kommt endlich die irre Irene durch
die Wand. Ihren Kopf hat sie wieder mal
vergessen. Jede Nacht muss sie ihn
suchen, was ohne Augen natürlich
schwierig ist. Aber Otto hilft ihr.

„Bestimmt finden wir deinen Kopf im
Burggraben, Irene", sagt Otto freundlich.
„Genau wie gestern Nacht. Komm, wir
schauen gleich nach." Er geht zur Tür.
Die Rüstung quietscht bei jedem Schritt.
Irene huscht dankbar hinter ihm her.

Ulrike schwebt weiter, um die anderen
Gespenster zu wecken. Die witzige
Wiebke ist schon wach. Sie jongliert mit
drei Tellern. Einen vierten balanciert sie
auf der Nase. Sie strengt sich so sehr an,
dass sie schielt.

„Hallo, Wiebke!"

„Hallo, Ulrike!" Da fällt der Nasenteller
auf den Boden und zerbricht. Wiebke
runzelt ärgerlich die Stirn. Die Scherben
fügen sich wieder zu einem Teller

zusammen, und der Teller hüpft in den Geschirrschrank zurück.

„Wir haben Vollmond", verkündet Ulrike. „Der erste Frühlingsvollmond."

„Au fein", freut sich Wiebke. „Das müssen wir gleich Udo erzählen. Er soll uns ein Frühlingsfeuerwerk machen."

Der unruhige Udo ist nämlich ein Spuck-Gespenst. Wenn er aus dem Burgfenster rausspuckt, zischt seine Spucke und leuchtet in allen Farben wie eine Rakete an Silvester. Manchmal kommen die Glühwürmchen ganz durcheinander, und die Nachtfalter verirren sich.

Aber heute ist Udo nirgendwo zu sehen. Ulrike und Wiebke suchen ihn in der ganzen Burg. Die Geisterstunde ist schon fast vorbei, als sie ihn endlich finden: in einem alten Lehnstuhl auf der Burg-terrasse. Udo schnarcht. Er sieht aus wie ein Uhu und hat den Kopf unter die Flügel gesteckt.

Wiebke zieht ihn an den Federn. „Hallo, Udo, aufwachen! Du musst ein Frühlingsfeuerwerk spucken!"

Udo blinzelt, reißt den Schnabel auf, gähnt und macht die Augen wieder zu.

„Die Geisterstunde ist bald um", ruft Ulrike und zerrt am anderen Flügel. Aber Udo ist einfach nicht wach zu kriegen.

Jetzt kommt die irre Irene auf die Burgterrasse. Sie hat inzwischen ihren Kopf gefunden. Er sitzt ein bisschen wackelig auf dem Hals. Die blonden Haare triefen noch vom Burggrabenwasser.

„Udo ist krank", verkündet Ulrike besorgt. „Er will nicht aufwachen. Dabei muss er doch spucken."

Die irre Irene schwebt zu Udo und sieht ihn sich genau an.

„Er ist nicht krank", stellt sie dann fest. „Bloß furchtbar müde. Es scheint so, als hätte ihn die Frühjahrsmüdigkeit gepackt!"

Zu dritt rütteln die Gespenster den müden Udo wach. Endlich schlägt er die Augen auf.

„Was ist los?", will er wissen.

Ulrike deutet zum Himmel. „Der erste Frühlingsvollmond! Du musst heute Nacht unbedingt ein Feuerwerk machen!"

Udo flattert zum Burgturm, und fünf Minuten vor eins erlebt Burg Löwenfels das tollste Feuerwerk, das man sich vorstellen kann. Leuchtspiralen, Knaller, funkelnde Sterne – Udo ist in Höchstform. Er zeigt, dass er das beste Spuck-Gespenst weit und breit ist.

„Prima gemacht, Udo!", ruft Ulrike und schwebt hoch zum Burgturm. Aber da hängt Udo schon wieder schlaff über der Brüstung und schnarcht.

„Ich werde ihm morgen Nacht ein paar von meinen Dörrpflaumen bringen", nimmt sich Ulrike vor. Sanft streichelt sie seine Federn. „Vitamine helfen auch bei Gespenstern gegen Frühjahrsmüdigkeit!"

Ein abenteuerlicher Frühjahrsputz

Mama und Papa machen Frühjahrsputz. Mama putzt sämtliche Fenster und wischt überall Staub. Papa räumt den Keller auf und wirft alles weg, was er nicht mehr braucht.

Und Fabian? Fabian geht die ganze Hektik auf die Nerven, und er zieht sich in sein Zimmer zurück. Doch nicht einmal dort hat er seine Ruhe.

„Bis zum Samstag hast du dein Zimmer aufgeräumt", sagt Mama streng. „Man kommt sich ja vor wie in einem Schweinestall!"

Schweinestall ist vielleicht ein bisschen übertrieben, aber Fabians Zimmer sieht wirklich sehr unordentlich aus. Fabian sammelt eben so viel. Das Zimmer ist zu klein für all die Sachen.

„Bis Samstag", wiederholt Mama. „Sonst räume *ich* auf."

Fabian seufzt. Was das bedeutet, weiß er. Mama fackelt nicht lange, und bei ihr wandern selbst seine liebsten Dinge in den Müll.

„Na gut", verspricht Fabian. „Ich werde Ordnung machen."

Heute ist ja erst Montag. Fabian holt lauter Schachteln vom Speicher. Darin will er seine Sachen verstauen.

Aber womit soll er anfangen? Hilflos schaut Fabian sich um. Mit den Kartons ist sein Zimmer noch voller. Fabian

blinzelt, und auf einmal ist er mittendrin in Karton-City.

Die Schachteln sind die Häuser einer fremden Stadt. Fabian malt mit Wachsmalkreide Fenster und Türen auf die Kartons. Er zeichnet Blumenkästen und Feuerleitern, Antennen und Reklameschilder. Wie gut, dass er so viele tolle Stifte hat! Fabian spitzt und sortiert, dabei findet er auch endlich seine Radiergummis wieder. Endlich erstrahlt

Karton-City in aller Pracht, und Fabian
verstaut stolz seine Stifte, Kreiden,
Lineale und Spitzer in verschiedenen
Büchsen.

Am Dienstag wird Karton-City leider
abgerissen, denn Fabian hat genug von
der Stadt. Heute will er lieber in den Zoo
gehen. Stoffpinguin Paul brüllt vor
Hunger. Die Kameldame Leonore ist
ziemlich nervös, wahrscheinlich spürt sie
das Wetter. Löwe Larry liegt faul in der

Sonne. Fabian hat gar nicht mehr gewusst, wie viele Tiere es in seinem Zoo gibt: Schweine und Mäuse, ein schwarzes Pony, das Meerschweinchen, die Schildkröte und Bären, Bären, Bären! Alle wollen versorgt und ein bisschen geknuddelt werden. Fabian hat viel zu tun. Die Ställe müssen sauber gemacht werden. Manche Tiere müssen auch umziehen und wandern von Fabians Bett ins Regal. Puh, wie viel Staub dort liegt! Fabian wischt und wischt. Ein Stofftier-

pfleger hat viel zu tun! Todmüde fällt Fabian abends ins Bett und drückt Larry an sich. Der darf ab jetzt als Einziger bei Fabian schlafen.

Am Mittwoch ist Fabians Zimmer eine Autowerkstatt. Hier werden alle Rennautos gewartet, und es wird überprüft, ob sie noch fahren. Manche müssen auch verschrottet werden. Schweren Herzens sortiert Fabian ein paar Autos aus. Bis zum Abend hat Fabian alle brauchbaren Rennwagen in einer Garage aus Pappe untergebracht.

Am Donnerstag nimmt sich Fabian seine geliebten Comics vor. Er sammelt sie vom Fußboden auf und taucht dabei immer wieder in fremde Welten ein. Mit einem Raumschiff fliegt er durchs Weltall, landet auf unerforschten Planeten und erlebt so gefährliche Sachen, dass er ganz rote Ohren bekommt. Im Wilden Westen verfolgt Sheriff Fabian Banditen, und ganz zuletzt macht er einen Besuch in Entenhausen … Abends liegen die Comics ordentlich gestapelt in Fabians Bücherregal. Fabian aber träumt die ganze Nacht von neuen Abenteuern …

Am Freitag wird Fabian Geschäftsmann: Flohmarkthändler. Er sucht Sachen, die er nicht mehr braucht und die er vielleicht beim nächsten Flohmarkt in der Schule verkaufen kann. Will jemand sein altes Fernrohr? Wohin mit den vielen Überraschungseiern? Am Abend hat Fabian drei Schachteln mit Flohmarktsachen zusammen.

Am Samstagmorgen stürmt Mama mit
Staubsauger und Müllsack ins Zimmer.
„So, heute werde ich deinen Schweinestall hier endlich aufräumen!" Doch dann
bleibt sie wie vom Blitz getroffen stehen
und schaut sich um.

Fabian grinst. Von wegen Schweinestall! Die Stofftiere sitzen einträchtig
nebeneinander im Regal. Die Comics
bilden ordentliche Stapel. Mama braucht
auch nicht mehr auf Autos oder Stifte zu
treten. Und der ganze Kleinkram ist in
Schachteln verstaut.

„Wie hast du denn das geschafft?", fragt
Mama überrascht.

„Kleinigkeit!" Fabian zuckt die Achseln
und grinst.

Aufräumen ist manchmal gar nicht so
schlimm!

Der Mohnschnupfen

Die Sonne strahlt vom tiefblauen Himmel. Herrlich! Biene Sina freut sich. Seit ein paar Tagen darf sie mit den anderen Bienen das Bienenhaus verlassen. Aber heute will sie weiter fliegen als sonst. Draußen am Feldrand soll nämlich schon der rote Mohn blühen.

Wie warm die Luft ist! Und wie es überall duftet! Sina fliegt übermütig im Zickzack. Das macht solchen Spaß!

Viele Freundinnen sind unterwegs. Manche fliegen schon mit Nektar bepackt zurück. Sina kriegt auf einmal Angst, dass sie zu spät kommen könnte. Vielleicht haben die anderen keinen Nektar mehr übrig gelassen!

Da endlich: das Roggenfeld! Schon von weitem sieht Sina ein Meer von roten Blüten. Das ist der Mohn!

Aufgeregt landet Sina in einer roten Mohnblüte. Wie die Blüte leuchtet! Sina bekommt einen ganz wirren Kopf. Sie will ein bisschen Nektar naschen, aber auf einmal fängt ihre Nase an zu kitzeln.

„Ha-hatschi!", niest Sina. Und gleich darauf noch einmal: „Hatschi!"

Sie muss so heftig niesen, dass sie aus der Blüte geschleudert wird und ins Gras fällt. Mühsam rappelt sich Sina wieder auf, klettert den Stängel hoch und taucht aufs Neue in die Blüte. Sofort schwirrt ihr der Kopf. Und wie die Nase schon wieder kribbelt! Nicht zum Aushalten ist das!

Sina hält die Luft an, um das Niesen zu unterdrücken. Nur ein bisschen, bis sie den Nektar probiert hat. Doch Sina hat das Gefühl, dass sie gleich platzen muss.

„Ha-ha-hatschi!"

Und wieder purzelt sie ins Gras und liegt benommen auf dem Rücken. Es hätte nicht viel gefehlt, und Sina hätte angefangen zu heulen. So eine blöde Nieserei!

„Hast du dir wehgetan?", fragt jemand besorgt. „Oder ist dir schlecht geworden?"

Sina schaut zur Seite. Neben ihr landet Julia, ihre beste Bienenfreundin. Sina erzählt ihr, was passiert ist.

„Schon zum zweiten Mal bin ich rausgeplumpst, weil ich niesen musste. Was ist das bloß?"

„Du hast Heuschnupfen", antwortet Julia. „Da kribbelt die Nase, und die Augen fangen an zu brennen – ganz furchtbar!"

„Unsinn, es gibt doch noch kein Heu", mault Sina.

„Dann hast du eben einen Mohn-schnupfen", meint Julia.

Sina ist überhaupt nicht begeistert. „Und was kann man dagegen machen?"

„Gar nichts", erwidert Julia. „Du darfst eben nicht in die Nähe von Mohn kommen, sonst fängt die Nieserei gleich wieder von vorne an."

Sina ist enttäuscht. Sie hat sich so auf den roten Mohn gefreut. Julia versucht, Sina aufzumuntern. „Komm mit, ich zeig

dir was. Etwas, das die anderen noch gar nicht entdeckt haben!"

Die beiden Bienen fliegen zum Wald-rand. Unten am Boden, zwischen den Sträuchern, blühen viele weiße Mai-glöckchen. Wie süß sie duften!

„Oh Julia! Das sind ja wunderbare Blumen!", ruft Sina entzückt.

Julia und Sina sammeln so viel Nektar, wie sie tragen können. Schwer bepackt fliegen sie zum Bienenstock zurück. Unterwegs treffen sie die Biene Leila.

„Wonach riecht *ihr* denn?", fragt Leila neugierig. „Alle anderen Bienen sind heute zu den Mohnblumen geflogen."

„Rate", sagt Julia.

„Schlüsselblumen?", rätselt Leila. „Buschwindröschen?"

„Nein, Maiglöckchen", antwortet Sina stolz.

„Hm, wie herrlich das duftet!", meint Leila. „Den Platz müsst ihr mir morgen auch zeigen."

Der schönste Platz für unser Nest

Mitzi ist eine Blaumeise: klein und wendig, mit einem zartgelben Bauch und einem hübschen blauen Kopf. Jeden Morgen erwacht sie in aller Frühe und fängt an, Futter zu suchen. Zwischendrin zwitschert sie immer wieder ihre Freude über den schönen Frühling laut hinaus.

„Endlich ist der kalte Winter vorbei, zizibäh! Habt ihr schon gemerkt, dass die Tage länger werden? Oh, wie warm die Sonne scheint! Zizibäh!"

An einem besonders schönen Tag bekommt Mitzi Frühlingsgefühle und verliebt sich in Mick, den netten Blaumeiserich. Mick ist ebenfalls heftig in Mitzi verliebt. Deswegen beschließen die beiden, ein Nest zu bauen und viele Meisenkinder aufzuziehen.

Emsig fängt Mitzi an, nach einem geeigneten Nistplatz zu suchen. Sie

schaut in jede Baumhöhle, in jeden Nistkasten, in jede Maueröffnung.

„Zu feucht", sagt Mitzi dann. „Zu
unbequem. Nicht vor Katzen sicher." Kein
Platz ist ihr gut genug. Überall hat sie
etwas auszusetzen.

Mick hält selbst nach Verstecken
Ausschau. Wenn er eins gefunden hat,
zeigt er es stolz seiner Freundin. Aber
jedes Mal schüttelt Mitzi nur ihr blaues
Köpfchen.

„Geht nicht. Zu niedrig am Boden. Zu
hoch in der Luft. Zu heiß. Zu kalt. Nicht
windgeschützt."

Mick seufzt. Eigentlich will er es nicht zugeben, aber langsam verliert er jetzt doch die Geduld. Wenn sich Mitzi nur endlich entscheiden könnte!

„Die anderen Blaumeisen brüten schon", gibt Mick zu bedenken.

„Na und?", antwortet Mitzi. „Wir haben eben noch keinen Nistplatz gefunden."

Mick hält den Schnabel. Doch ein paar Tage später fliegt er an einem Nistkasten vorbei, den Mitzi abgelehnt hat. Aus dem Loch ertönt zartes Vogelgepiepse.

„Da sind die Jungen sogar schon ausgeschlüpft", berichtet Mick aufgeregt.

„Na und?", sagt Mitzi nur.

„Es wird jetzt wirklich Zeit, dass wir einen Nistplatz finden", meint Mick.

„Strenge ich mich etwa nicht an?", fragt Mitzi gereizt.

„Doch, aber –" Mick ist lieber still. Er will nicht mit Mitzi streiten.

Am nächsten Tag zeigt er ihr die Röhre eines Schaukelgestells. „Wie wär's denn damit?"

„Zu laut", sagt Mitzi gleich. „Hast du noch nie gehört, wie viel Krach Menschenkinder beim Schaukeln machen?"

Mick fliegt weiter. Er findet eine andere Röhre, aber die gefällt Mitzi natürlich auch wieder nicht.

„Da flattert alle paar Tage Menschenwäsche, lange Unterhosen, Socken – grauenhaft!"

Mick ist ganz verzweifelt. Wenn es nicht seine Mitzi wäre! Sie streiten sich ein bisschen. „Dir ist überhaupt nichts recht", sagt Mick. Und zum ersten Mal, seit sie sich kennen, schlafen Mick und Mitzi auf zwei unterschiedlichen Ästen ein.

Mick schläft schlecht. Es tut ihm Leid.
Er streitet nicht gerne mit Mitzi.
Hoffentlich ist sie ihm nicht lange böse,
das kann er nicht aushalten ... Er hat
Mitzi doch so lieb!

Am nächsten Morgen fliegt Mick los, um
Mitzi mit einem Raupengeschenk zu
überraschen. Aber was ist das? Mick
traut seinen Vogelaugen nicht. Da hängt
doch direkt vor seinem Schnabel ein
wunderschöner, nagelneuer Nistkasten!
Das Schlupfloch zeigt nach Süden, der
Kasten hängt gerade richtig hoch, er ist

nicht zu klein und nicht zu groß und außerdem vor Katzen geschützt.

Aufgeregt fliegt Mick zu Mitzi zurück.

„Das musst du dir ansehen! Komm!"

Gespannt wartet Mick, während Mitzi den Nistkasten untersucht. Sie schlüpft hinein ins Loch, wieder heraus und noch einmal hinein.

„Was meinst du?", fragt Mick. Sein kleines Herz pocht vor lauter Aufregung.

„Nicht schlecht", sagt Mitzi. „Eigentlich ganz gut. Nein, prima. Ausgezeichnet. Wunderbar. Das ist es!"

In Windeseile schleppen Mick und Mitzi Moos herbei und bauen im Nistkasten ein Nest. Schon bald sitzt Mitzi auf fünf Eiern und brütet und brütet, während Mick die allerschönsten Raupen herbeibringt und seine Liebste damit füttert. Mitzi ist sehr zufrieden. Zwei Wochen später piepst es im Kasten schon fünfstimmig. Die Jungen sind ausgeschlüpft: Maren, Moni, Micha, Meik und Mira.

Obwohl Mick und Mitzi oft vom Futter-
suchen todmüde sind, sind sie sehr stolze
Eltern.

„Haben wir nicht wunderschöne
Kinder?", fragt Mick immer wieder.

Mitzi nickt. „Und ein wunderschönes
Heim", sagt sie dann. „Es hat sich doch
gelohnt, dass wir nicht das erstbeste
Plätzchen genommen haben, oder?"

Ein Ungeheuer im Keller?

In den Osterferien fuhren Stefan und
Daniela zu ihren Großeltern aufs Land.
Opa Paul kannte alle Geheimnisse des
Gartens. Er zeigte den Kindern ein
Amselnest in der Hecke. Leider waren die
Jungen zwei Tage zuvor ausgeflogen, und
das Nest war leer.

Stefan und Daniela freuten sich, dass
sie wieder zu ihren Großeltern durften.

Daniela kletterte gleich in das Baum-

haus, das Opa Paul im letzten Sommer
für sie gebaut hatte. Was für ein schönes
Plätzchen! Nur das Dach war leider nicht
mehr ganz dicht.

Kurz entschlossen holte Daniela Nägel,
Hammer und eine große Folie aus dem
Keller, um das Dach zu reparieren.
Während sie hämmerte und klopfte, half
Stefan dem Opa im Garten.

Erst am Nachmittag gingen Stefan und
Daniela ins Haus, um fernzusehen.

Mitten in der Sendung spitzte Daniela
plötzlich die Ohren. „Hört mal, da piepst
doch was!", sagte sie.

„Das ist bloß im Film", entgegnete
Stefan.

Doch beim Abendessen hörten sie das
Geräusch wieder.

„Da schreit ein Vogel", stellte Daniela
fest. Opas Ohren waren nicht mehr so
gut, aber Oma nickte.

„Ich hör das Schreien auch", bestätigte
sie. „Es kommt aus dem Keller!"

Stefan und Daniela schlichen dem
Geräusch nach. Es war ihnen unheimlich
zu Mute. Vor der Waschküchentür
blieben sie stehen.

„Da hockt er drin", sagte Daniela
aufgeregt.

„Aber der Keller ist doch abgesperrt", sagte Stefan.

„Heute Morgen war er offen", erinnerte sich Daniela. „Vielleicht ist da ein Vogel reingeflogen und kann jetzt nicht mehr raus." Sie hatten Herzklopfen, als sie die Tür öffneten.

Zunächst konnten sie nichts Ungewöhnliches entdecken. So viel Gerümpel! Der Vogel blieb stumm und gab keinen einzigen Pieps mehr von sich.

Plötzlich musste Daniela lachen. „Schau doch – da!"

Ein Besen lehnte umgekehrt an der Wand. Auf den Borsten hockte aufgeplustert eine junge Amsel. Sie blickte die Kinder halb vorwurfsvoll, halb ängstlich an. Dann riss sie den Schnabel auf und piepste laut.

„Keine Angst, du kleines Ungeheuer", sagte Daniela zärtlich. Sie nahm den Vogel behutsam mit einer Schaufel auf, während Stefan die Kellertür öffnete.

Draußen gab die Amselmutter Antwort und flatterte dicht an der Hauswand entlang.

Daniela setzte den Jungvogel vor die
Tür und ließ ihn frei. Sofort flog die
Amselmutter herbei und zeterte
aufgeregt. Die kleine Amsel sperrte
prompt den Schnabel auf und bettelte
um Futter.

„Klar, die hat großen Hunger", flüsterte
Daniela. „Wer weiß, wie lange sie schon
im Keller eingesperrt war!"

Stefan und Daniela schauten zu, wie
die Amselmutter mit der kleinen Amsel
davonflog.

Die verpatzte Walpurgisnacht-Party

„Dreimal verflixtes Krötenbein", schimpfte Tamara und schaltete verärgert den Fernseher aus. „Ich mag nicht fernsehen! Erst recht keine Hexen-Talkshows! Ich will zur Walpurgis-Party, genau wie meine Schwestern!"

Wie gemein, dass sie zu Hause bleiben musste! Ungerecht war das, ganz furchtbar ungerecht!

Die jungen Hexen hatten in der letzten Zeit kein anderes Gesprächsthema gehabt als diese Party. „Was ziehe ich denn in der Walpurgisnacht an?", hatte Sybilla dauernd gefragt. „Ob ich meine Haare vorher noch einmal färben soll? Karottenorange steht mir bestimmt gut!"

„Ich mag's lieber grün", hatte Isis behauptet und sich die Haare – ratzfatz! – giftig knallgrün gehext.

Vorhin hatten Isis und Sybilla ihre Turbo-Besen zwischen die Beine geklemmt und waren losgedüst – zum Berggipfel, wo das Hexentreffen stattfand.

„Trinkt auf keinen Fall Fliegenpilztee!
Und dass ihr euch ja an die Geschwindig-
keitsbegrenzung haltet!", hatte Tamara
ihnen nachgerufen. „Es ist ein bisschen
neblig, da solltet ihr nicht mehr als
fünfzig Kilometer pro Stunde …"

Aber Isis und Sybilla kicherten nur. Surr,
witsch – sie sausten schon hals-
brecherisch über das schräge Hexen-
hausdach.

Zornig kehrte Tamara ins Haus zurück. Kater Miromar sprang auf ihren Schoß. Tamara streichelte ihn, dass die Funken sprühten.

„Es ärgert mich", gestand sie. „Ich muss immer zu Hause bleiben. Die anderen gehen weg, amüsieren sich und fliegen ihre Besen kaputt. Ich war schon eine Ewigkeit nicht mehr im Hexenkino! Und dauernd muss ich das Haus hüten und auf unsere Zauberbücher aufpassen – als ob irgendwer das olle Zeug klauen würde!"

Plötzlich hellte sich Tamaras Gesicht auf. Sybilla und Isis hatten sich vor kurzem einen Zaubercomputer angeschafft. Bisher hatte Tamara noch nie an das Gerät gedurft. Jetzt würden die Schwestern stundenlang weg sein. Das war *die* Gelegenheit, den Computer endlich einmal auszuprobieren!

Tamara schubste Miromar von ihrem Schoß und lief hinauf in die Dachkammer, wo der Computer stand. Es war ein tolles Ding. Damit konnte man sich mit den

Zauberern und Hexen auf der anderen Seite der Welt unterhalten. Man konnte Zaubersprüche und Rezepte austauschen und erfuhr sogar die neuesten Hexenwitze!

Tamara setzte sich vor den Computer und schaltete ihn ein. Klick-klick – hurtig huschten ihre langen Fingernägel über die Tastatur.

Tamara hatte Sybilla einmal über die Schulter geschaut und kannte sich mit dem Programm ein bisschen aus. Es war eigentlich gar nicht schwer …

Oh, hoppla, ein Zauberspruch-Wett-bewerb! Sollte Tamara da mitmachen?

Ein Sprecher sagte: „Es ist Sabrina aus Kalifornien soeben gelungen, ihren Ehe-mann in einen Meerrettich zu verwandeln. Wer kann dieses Meisterstück über-treffen?"

Tamara schüttelte den Kopf. „Ich nicht", sagte sie und klickte weiter. Sie las die Wettervorhersage, die Lottozahlen für

übernächste Woche und stieß schließlich auf Hexenunterricht für Fortgeschrittene.

„Dritte Übung: Wie man ein Gewitter hext", erklärte eine Frauenstimme. „Dazu muss man sehr, sehr zornig sein. Dann streut man eine Prise Pfeffer ins Kaminfeuer und sagt: *Blitz und Zorn, spitzer Dorn, Hagel und Saus, Donner und Braus!*"

Tamara sprach die Worte leise mit. Hoffentlich merkte sie sich den Spruch!

Sie hatte schon immer einmal ein Gewitter hexen wollen!

Tamara konnte es gar nicht erwarten, den Zauber auszuprobieren. Rasch schaltete sie den Computer aus und rannte hinunter ins Wohnzimmer. Es war nicht schwer, zornig zu sein. Sie brauchte nur an Sybilla und Isis zu denken. Pfeffer – kein Problem! Tamara stäubte eine gehörige Ladung davon ins Kaminfeuer. *„Blitz und Zorn, spitzer Dorn, Hagel und Saus, Donner und Braus!"*

Hui, da rüttelte schon der Sturmwind an den Fensterläden, die Dachziegel klapperten, und ein greller Blitz erhellte die Nacht. Tamara hielt sich die Ohren zu, als ein heftiger Donnerschlag ertönte. Vielleicht hätte sie doch nicht so viel Pfeffer nehmen sollen!

Eine halbe Stunde später ging die
Haustür auf, und zwei tropfnasse und
schlecht gelaunte Schwestern kamen
zurück. Missmutig lehnten sie ihre Besen
an die Wand.

„So ein Reinfall!", schimpfte Isis. „Die
schöne Party! Ganz und gar verdorben!
Schon der erste Regenguss hat das tolle
Hexenfeuer gelöscht!"

„Und dabei war überhaupt kein
Gewitter gemeldet", beschwerte sich
Sybilla. „Ich wette, jemand hat das

Unwetter herbeigehext, nur um uns den Spaß zu verderben! Na warte, wenn ich den erwische!"

Tamara beugte sich über Miromar, damit die Schwestern nicht sahen, wie sie grinste.

„Tamara", rief Isis streng. „Hast du etwa –"

„Unsinn, wie kann sie ein Gewitter hexen?", sagte Sybilla sofort. „Tamara kann doch nicht einmal einen leichten Sommerwind herbeizaubern, und Nebel schafft unsere kleine, dumme Schwester auch nur, wenn man ihr beim Hexen die Hand hält!"

Sybilla und Isis kicherten.

„Wenn ihr wüsstet!", dachte Tamara. „Mit dem Zaubercomputer bin ich noch längst nicht fertig!"

Marliese Arold wurde 1958 in Erlenbach am Main geboren. Nach dem Abitur studierte sie an der Fachhochschule für Bibliothekswesen in Stuttgart, mit dem besonderen Schwerpunkt Kinderbibliothek. Schreiben machte ihr schon immer viel Spaß, und 1983 erschienen ihre ersten Kinder- und Jugendbücher. Heute arbeitet sie als freie Autorin für verschiedeneVerlage.

Alex de Wolf wurde 1958 in Amstelveen, einem Vorort von Amsterdam, geboren. Er studierte Grafik und Illustration an der Rietveld-Akademie und schloss sein Diplomstudium 1982 ab. Er illustriert Bilder-, Kinder- und Jugendbücher und arbeitet auch für Zeitschriften. Alex de Wolf lebt mit seiner Frau und seinen zwei Söhnen in Amsterdam.

Leselöwen

Der bunte Lesespaß

Loewe